LES

BANQUES COLONIALES

DES ANTILLES, DE LA RÉUNION

ET

DE LA GUYANE

CE QU'ELLES SONT — CE QU'ELLES DOIVENT ÊTRE

PAR

A. DUCHÊNE

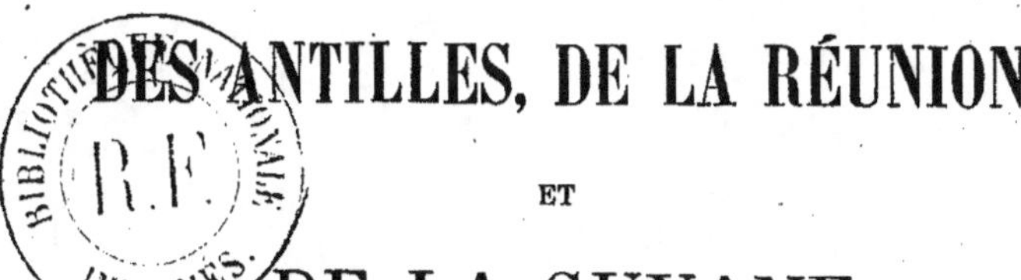

Directeur Général de la Banque de Turquie pour favoriser le Commerce et l'Industrie, Constantinople,
Ancien fondé de pouvoir des Trésoreries Générales des finances,
Ancien Secrétaire Général et Directeur des Banques Coloniales privilégiées.

PARIS

MARCHAL ET GODDE, ÉDITEURS

LIBRAIRES DE LA COUR DE CASSATION

PLACE DAUPHINE, 27

1909

LES BANQUES COLONIALES

DES ANTILLES, DE LA RÉUNION ET DE LA GUYANE

Ce qu'elles sont. — Ce qu'elles doivent être.

Les banques coloniales, créées par l'article 7 de la loi du 30 avril 1849, ont été constituées au moyen d'un prélèvement opéré sur un huitième de l'indemnité votée en faveur des planteurs lésés par la brusque abolition de l'esclavage.

Le but qu'on se proposait d'atteindre était déterminé par les circonstances : mettre à la disposition du planteur un instrument de crédit, lui permettant de continuer de développer son exploitation et de parer aux charges nouvelles qui résultaient pour lui de l'élévation du coût de la main-d'œuvre.

Il importait que les banques fonctionnassent le plus promptement possible, pour empêcher la ruine des entreprises coloniales.

Le début des opérations sociales devait se placer à l'origine même du droit des indemnitaires auxquels l'État retenait un huitième de l'indemnité qui leur avait été allouée, et en représentation duquel ils recevaient des actions de la banque. Elles commençaient avant que le droit individuel de chacun eût pu être établi, et par conséquent avant qu'il fût possible de connaître les actionnaires, donc de les réunir.

Les sociétés nouvelles ne pouvaient exister sans statuts. L'article 7 de la loi du 30 avril 1849 donnait au gouvernement une délégation à l'effet de les élaborer.

Ainsi, les banques coloniales n'étaient pas des entreprises spontanées, mais des créations de l'État dont les actionnaires étaient désignés d'avance par un texte législatif.

Dans ces conditions, il est aisé de comprendre que le gouvernement, chargé de rédiger les statuts, se soit surtout inspiré des usages et précédents que lui fournissaient les banques métropolitaines, ainsi que les besoins des agriculteurs pour l'intérêt desquels ces banques ont été créées.

L'adaptation de ces statuts aux besoins particuliers des colonies dans lesquelles les banques allaient opérer ne pouvait se produire que plus tard, en profitant des enseignements de l'expérience.

Depuis cette époque, les statuts des banques coloniales ont été modifiés à diverses reprises. Mais il n'est pas injuste de dire — en laissant toutefois de côté la banque de l'Indo-Chine et de l'Afrique Occidentale — que les banques des quatre anciennes colonies ont paru beaucoup plus préoccupées de l'obtention du renouvellement de leur privilège que de la nécessité de moderniser leur outillage dans l'intérêt des pays où elles étaient établies. Elles ont préféré s'en tenir à des errements qui leur avaient assuré des bénéfices, plutôt que de faire un effort de rénovation, sans tenir assez compte de ce fait que leurs statuts n'étaient plus en harmonie avec les besoins nouveaux, et que des modifications qu'elles jugeaient superflues devenaient nécessaires, dans leur propre intérêt, pour leur épargner des difficultés sérieuses.

Le moment paraît venu où la situation ne peut plus se prolonger, et où un remaniement des textes fondamentaux s'impose.

Ce problème a déjà préoccupé les économistes et a donné lieu à des articles de presse et à des polémiques. Toutefois, la campagne menée tant par M. J. Pélissier en 1890 que par la « Politique coloniale » en 1894, les réponses de M. Roy, agent central des Banques coloniales, des conseils d'administration des banques coloniales et de leurs actionnaires réunis en assemblées générales extraordinaires, traitent presque exclusivement de la question de savoir s'il y a lieu de recourir à la création d'une banque unique.

L'exposé des motifs, en date du 29 juin 1895, du projet de loi portant prorogation du privilège des banques coloniales et des statuts des dites banques, présenté par M. Chautemps, ministre des Colonies, et M. Ribot, président du Conseil, ministre des Finances, constate du reste que « l'on s'est trouvé en présence de projets simplement ébauchés, dans lesquels les graves questions ayant trait à la transition de l'ancien état de choses au nouveau, à la liquidation des banques existantes, à la sauvegarde des intérêts du Trésor, intimement liés au sort de ces dernières en leur qualité de banques d'émission, n'étaient même pas étudiées ».

Les modifications actuellement apportées au texte primitif des banques coloniales sont l'œuvre des commissions officielles nommées lors des renouvellements successifs de juin 1874, juin 1896, janvier 1898.

Le gouvernement a adopté presque intégralement les améliorations proposées par les commissions, et manifesté ainsi sa résolution de s'en tenir à un contrôle rigoureux, mais de se garder de toute immixtion dans les opérations des banques. Il a laissé entendre par là même que, s'il est de son devoir de ne pas permettre que les banques d'émission privilégiées se laissent entraîner à des opérations pouvant compromettre leur crédit et par répercussion celui de la colonie, il ne peut que se montrer favorable à une extension normale des statuts permettant aux banques d'accroître leurs profits, tout en donnant aux entreprises locales les facilités qui sont aujourd'hui de plus en plus indispensables à leur fonctionnement.

Pour que les banques coloniales rendent aux pays où elles sont installées les services qu'ils sont en droit d'en espérer, il faut avant tout qu'elles prospèrent. Leur propre succès est incontestablement le plus sûr moyen de rétablir le crédit public. Il importe donc, dans toute la mesure du possible, d'élargir les opérations statutaires, et de permettre aux banques coloniales de fonctionner dans les conditions normales des banques modernes.

Si, à l'origine, à raison même du mode spécial de constitution des banques, l'intérêt des agriculteurs a dû passer avant tout, aujourd'hui cette considération n'a plus la même valeur, et il n'existe plus de raisons sérieuses pour ne pas adapter les conditions d'exercice de ces établissements à l'ensemble des intérêts coloniaux, qui sont tous solidaires les uns des autres.

Le prochain renouvellement du privilège d'émission des banques coloniales, qui viendra devant les chambres en 1911, ne devait être accordé qu'à un outillage financier en rapport avec les nécessités actuelles des transactions mondiales.

Pour préciser, nous remettons sous les yeux des lecteurs l'art. 10 des statuts des banques, tel qu'il est actuellement conçu (1) :

« Les opérations de la banque consistent :

« 1° A escompter les billets à ordre ou effets *de place* à deux ou plusieurs signatures ;

« 2° A négocier, escompter ou acheter des traites ou des mandats directs ou à ordre sur la métropole ou sur l'étranger ;

« 3° A avancer sur des obligations négociables ou non négociables garanties ;

« Par des warrants ou des récépissés de marchandises déposées soit dans des magasins publics, soit dans des magasins particuliers dont les clefs ont été régulièrement remises à la banque ;

« Par des cessions de récoltes pendantes ;

« Par des connaissements à ordre ou régulièrement endossés ;

« Par des transferts de rentes d'actions de la banque de la colonie ou de valeurs admises par la Banque de France à titre de garanties pour avances ;

« Par des dépôts de lingots, de monnaies, de matières d'or ou d'argent ;

« 4° A se charger pour le compte des particuliers ou pour celui des établissements publics, de l'encaissement ou du recouvrement des effets qui lui sont remis, et à payer tous mandats ou assignations ;

« 5° A recevoir, moyennant un droit de garde, le dépôt volontaire de tous les titres, lingots, matières d'or et d'argent. Ce dépôt peut donner lieu à une avance dans les proportions indiquées à l'art 13 ; le montant global de ces avances ne pourra jamais dépasser le sixième du capital social ;

« 6° A souscrire à tous emprunts ouverts par l'État ou par la colonie, sans que cette participation aux dits emprunts puisse excéder la valeur des fonds versés aux réserves ordinaire et extraordinaire ;

---

(1) Statuts annexés à la loi du 13 décembre 1901, au *Recueil* 1902, 1re partie, p. 95.

« 7° A recevoir, avec l'autorisation du ministre des Colonies, les produits des souscriptions publiques ouvertes, soit dans la colonie, soit dans la métropole;

« 8° A émettre des billets payables à vue et au porteur, des billets à ordre ou des traites ou mandats ;

« 9° A faire commerce des métaux précieux, monnayés ou non monnayés ».

Le § 2 de l'art. 11 stipule en outre que l'échéance des effets escomptés ne doit pas dépasser cent vingt jours, et que les traites ou mandats doivent être soumis aux mêmes restrictions si l'échéance est déterminée; au cas contraire, les traites ou mandats ne doivent pas être à une échéance supérieure à 90 jours de vue.

Le reste des statuts stipule, soit des dérogations au droit commun, soit des règles de prudence, mais les dispositions ci-dessus rappelées constituent le cadre hors duquel il est actuellement interdit aux banques coloniales de se mouvoir.

Ces dispositions ne permettent, ni la conclusion de contrats de change, ni l'usage des crédits confirmés, ni l'escompte du papier d'Europe de premier ordre en vue de l'utilisation des disponibilités à un moment donné, ou tout au moins en conséquence de la concession de crédits confirmés.

Le contrat de change, qui rentre dans la catégorie des marchés à terme prévus par la loi du 28 mars 1885, donnerait au public une sécurité qui lui manque actuellement.

Il consiste en ceci que l'importateur pourrait acheter à terme de la banque locale, au moment qui lui conviendrait le mieux, les remises qui lui seraient nécessaires pour régler ses achats et déterminer exactement son prix de revient et son bénéfice.

L'exportateur pourrait, dès la réception des offres de ses acheteurs extérieurs, arrêter le taux de son change auprès de la banque locale, en s'engageant à lui livrer ses traites à l'époque de l'expédition de la récolte manufacturée. Il éviterait ainsi les aléas du change.

Le rôle de la banque consisterait alors à s'efforcer de trouver immédiatement dans le public l'écoulement de la contrevaleur du papier qu'elle aurait acheté, ou, inversement, à trouver la couverture de ce qu'elle aurait vendu, afin de ne pas rester en spéculation.

Les banques seraient bien alors les véritables intermédiaires entre l'importateur et l'exportateur.

Les moyens de contrôle dont dispose actuellement le gouvernement lui permettraient de constater que la banque assure consciencieusement ses contre-parties, c'est-à-dire ne se laisse pas entraîner à acheter ou vendre à découvert au delà d'un certain montant à déterminer. L'établissement privilégié n'influerait plus alors que secondairement sur les cours du change, qui se trouveraient automatiquement déterminés par la grande loi de l'offre et de la demande, et seraient naturellement portés vers la hausse ou vers la baisse suivant le courant commercial du moment.

Les crédits confirmés, qui sont l'auxiliaire indispensable de tout effort vers le progrès, rendraient les services que nous leur voyons rendre dans tous les grands centres commerciaux. C'est surtout, en effet, dans les centres importants que leur utilisation s'impose. Les grands entrepôts de l'Extrême Orient, Shanghaï, par exemple, où, pendant l'année 1906, les importations seules ont atteint, d'après les documents officiels, 75 millions de taels, soit environ 270 millions de francs, en prenant pour cours moyen du tael à cette époque 3 fr. 60, n'auraient pu traverser la crise intense qui a suivi la guerre russo-japonaise sans catastrophe, si les banques locales n'avaient prêté au commerce un crédit qui ne fut efficace que parce qu'il fut entier. Il n'est pas une maison importante de Hong-Kong. Singapore, Calcutta, Shanghaï, qui n'utilise le crédit confirmé. L'opération est la suivante : La banque locale, sur demande de son client et après informations, fait régler par son correspondant au fournisseur de l'extérieur le montant de la traite qu'il tire sur son client. Les connaissements et autres documents d'usage afférents à la marchandise expédiée lui sont remis en garantie de son escompte. Si l'importateur n'est pas en mesure de prendre livraison à l'échéance de la traite, la banque lui accorde toutes les facilités qu'elle peut lui consentir.

Tels sont avant tout les points sur lesquels il conviendrait d'élargir le champ d'action des banques coloniales. Dès le 5 avril 1851, M. Chégaray lui-même, dans le rapport qu'il présentait au nom de la commission parlementaire chargée de l'examen du projet qui devint la loi du 11 juillet 1851, n'hésitait pas à proclamer que le contrôle du gouvernement ne doit pas aller jusqu'à absorber la liberté d'action des banques. Aujourd'hui, après plus de soixante ans, le besoin d'une réforme est singulièrement urgent.

L'expérience a démontré d'ailleurs que la Banque de l'Indo-Chine, dotée de statuts beaucoup plus libéraux, n'en a jamais abusé pour s'engager dans une voie imprudente. Les risques qu'elle a pu courir sont les risques inhérents à toute entreprise, et ils ont été, en tous cas, si peu importants qu'ils ont passé inaperçus.

Il ne faut pas non plus perdre de vue que les banques coloniales, étant les *seuls* organismes financiers dont soient dotées nos possessions d'outre-mer, doivent faire face à *tous* leurs besoins financiers.

Quelles sont les modifications qui s'imposent à leurs statuts ?

C'est ce que nous allons nous efforcer d'indiquer en les reprenant entièrement.

Avant tout, il y a lieu de procéder à l'examen de la loi organique du 3 décembre 1901 qui a prononcé le dernier renouvellement du privilège. Le § 8 de l'article 4 retiendra seul l'attention. Il dispose que :

« Le montant cumulé des billets en circulation, des comptes-courants et des autres dettes de la banque ne peut excéder le triple du capital social et des fonds de réserve, à moins que la contrevaleur des comptes-courants et autres dettes ne soit représentée *par du numéraire tenant en augmentation de l'encaisse métallique* ».

Est-il indispensable d'exiger du numéraire en contre-partie, notamment, de comptes-courants? L'essence même de la banque est de n'accepter des fonds que pour les faire fructifier. Son rôle est de mettre le capital à la disposition du travail.

Il conviendrait donc d'admettre, dans une porportion à déterminer, les opérations qui sont la conséquence de ce principe, c'est-à-dire les prêts et escomptes (reconnaissances souscrites par le travail pour le capital qui lui est confié) à concourir pour former l'ensemble des garanties exigées par le § 8 de l'art. 4.

Quelle proportion faut-il adopter?

Par la nature de leurs opérations, nos banques coloniales se rangent parmi les maisons de banque qui opèrent sur des fonds mixtes, c'est-à-dire sur des fonds provenant de dépôts tant à vue qu'à terme. Elles se livrent aux opérations dites de deuxième classe.

A côté des comptes de dépôt d'espèce des négociants, dont la plupart sont trop mobiles pour suffire à leur activité, elles ouvrent des comptes d'un autre ordre.

Des personnes étrangères au commerce apportent leurs fonds et obtiennent des comptes de dépôt à vue ou à terme. Ces fonds, moins mobiles, s'harmonisent avec des prêts à plus longue échéance, avec les immobilisations que comporte le crédit agricole, point de départ initial de la banque coloniale, enfin avec des opérations de longue durée que ne ferait pas une banque se livrant aux affaires dites de première classe.

La clientèle est forcément fixe dans des contrées où il n'existe qu'une banque. Celle-ci suit ses clients avec plus de soin que ne le ferait un établissement de première classe, mais elle leur donne plus de crédit, partant plus d'aide, ce qui est le rôle d'établissements coloniaux, c'est-à-dire destinés à aider la colonisation.

Le génre d'affaires dites de deuxième classe est plus lourd que celui des opérations de la première classe, mais s'il nécessite un capital et des ressources proportionnellement plus considérables, il exige une encaisse moindre. La banque peut mieux déterminer ses probabilités, régler son service de trésorerie, mais elle doit inspirer une confiance plus assise, parce que son portefeuille, composé de valeurs à longue échéance, peut être moins aisé à réescompter ou à réaliser, et présente des chances de perte plus grandes.

Ceci exposé, on peut partir de ce principe qu'on n'a jamais vu aucun établissement financier perdre la moitié de son portefeuille d'escompte.

Il ne serait donc nullement exagéré, en s'inspirant de ce qui précède, d'admettre pour la moitié le portefeuille des banques coloniales dans la composition du chiffre global des garanties exigées par le § 8 de l'art. 4, qui serait modifié comme suit :

« Le montant cumulé des billets en circulation, des comptes-courants et des autres dettes de la banque ne peut excéder le triple du capital social et des fonds de réserve, à moins que la contrevaleur des comptes courants et autres dettes ne soit représentée par du numéraire venant en augmentation de l'encaisse métallique de garantie de la circulation ou par le portefeuille pris pour la moitié de sa valeur ».

Passons aux statuts.

Les art. 1 à 9 peuvent être maintenus sans changement.

L'article 10, qui énonce les opérations auxquelles les banques colo-niales sont autorisées à se livrer, et que nous avons reproduit *in extenso* au début de cette étude, est naturellement, par sa nature, celui qui exige le plus de remaniements.

Le § 1er devrait être conçu dans les termes suivants :
« 1o A escompter des effets de commerce revêtus de deux signatures au moins. »
L'ancienne rédaction, restreignant l'escompte des banques coloniales aux seuls effets de place, ne saurait être maintenue. Avec elle il ne faut pas songer aux crédits confirmés.

Le § 2, lié au précédent, devrait stipuler :
« 2° A négocier, escompter ou acheter pour livraison immédiate ou éloignée des traites libres ou documentaires ou des mandats directs ou à ordre, sur la métropole, l'étranger ou la colonie ; à faire tous con-trats de change, sans que les termes de livraison fixés puissent excé-der douze mois. »
La rédaction actuelle a pour effet, à la fois, de restreindre l'action des banques aux seules valeurs créées dans la colonie, et de ne pas per-mettre la conclusion des contrats de change.
Il est inutile de démontrer que les risques ne sont pas plus grands à escompter un effet documentaire créé en France et devant se dénouer dans la colonie, sous les yeux de la banque pour ainsi dire, qu'à escompter un effet créé de la colonie sur la France.
Ce point est trop important pour que nous n'insistions pas.
On ne saurait objecter que le commerce de nos anciennes colonies est attaché à des usages surannés et n'utiliserait pas les améliorations projetées. La vérité est que nos compatriotes sont dans la situation de voyageurs qui prennent encore la diligence parce qu'ils ne disposent pas encore d'autres moyens de transport.
Les observations personnelles de l'auteur de cet article lui permet-tent d'affirmer que les négociants, industriels ou agriculteurs des anciennes colonies sont parfaitement au courant des méthodes les plus récentes ; mais les barrières statutaires que leur opposent les banques coloniales, l'inertie, voire même l'ignorance qu'ils rencontrent, les obligent à renoncer à des combinaisons fructueuses qui auraient profité à tous. Il leur faut rester tributaires et payer chèrement l'aide de commissionnaires d'Europe, gênés eux-mêmes par la concession de crédits qui leur coûtent plus qu'ils ne leur rapportent. Ces concession-naires se trouvent, par répercussion, forcés de demander aux fabricants prorogation d'échéance de leurs effets personnels. Leur crédit s'en res-sent ; les produits leur sont livrés à un prix plus élevé, le producteur devant envisager des risques nouveaux ; quels que soient les taux des intérêts et commissions — et ces taux combinés atteignent couramment 0/0 par mois, — ces indemnités sont loin de représenter pour le com-

missionnaire exportateur les charges qui résultent pour lui des crédits qu'il accorde, et le manque à gagner provenant de l'immobilisation de ses capitaux. Un commissionnaire desservant nos anciennes colonies qui, dans l'état actuel des choses, voit son chiffre d'affaires atteindre le double de son capital, estime qu'il obtient d'excellents résultats.

Nos négociants coloniaux n'obtiennent leurs marchandises qu'à des prix majorés. Elles sont hors du marché quand elles arrivent dans la colonie, de telle sorte que leur réexportation vers des contrées voisines en cas d'engorgement ou de crise devient une impossibilité absolue.

L'usage du crédit confirmé abaisserait considérablement le prix de revient des marchandises, et il serait le seul secours efficace contre l'écueil qu'aucune banque coloniale n'a pu éviter, l'escompte de place exagéré.

Avec le champ d'action restreint des banques coloniales, les obliger à réduire leurs escomptes, c'est inévitablement réduire leurs profits. Il est à notre connaissance que des administrateurs des plus honorables ont hésité devant cette considération, et accepté un escompte légèrement risqué, estimant en toute conscience qu'ils servaient mieux ainsi, non seulement les intérêts du travail, mais encore ceux de leurs mandants, les actionnaires.

Toute entreprise comporte des risques ; il est dans la nature même des opérations de banque d'en courir, et de réaliser des bénéfices plutôt que de s'abstenir.

C'est une autre question de savoir si la banque, moins limitée par ses statuts, peut employer un procédé plus sûr, pour venir en aide au travail, et rémunérer ses actionnaires tout en réduisant ses risques.

La solution du problème paraît difficile. Elle l'est pourtant moins qu'on ne pourrait le croire, pour la raison suivante :

La plupart des effets sont créés dans la colonie pour permettre le règlement d'engagements antérieurs.

Il y a bien là une cause commerciale ; mais il y a aussi complaisance de la part de celui qui constitue la deuxième signature requise par les statuts.

Cette seconde signature, si c'est celle d'un commerçant, engage le premier à lui prêter la même aide le cas échéant ; si c'est celle d'un capitaliste, elle n'est pas gratuite. De toutes façons, ce sont des risques et des charges qui grèvent la marchandise.

Le commerçant en compte avec ses fournisseurs d'Europe les couvre par règlements mensuels de montants ronds. Il arrondit les sommes qu'il demande aux banques, et, par le jeu des signatures croisées, la banque locale a, en fait, accordé, sous forme d'effets escomptés, de véritables comptes-courants d'avances, avec cette différence toutefois qu'ils ne sont garantis que par une signature, ne comportent aucune garantie additionnelle et n'en offrent ni la sûreté ni l'élasticité.

Tout changerait, le jour où la banque, mettant son crédit au service du négociant à l'extérieur contre toutes garanties utiles, l'affranchira de ses difficultés actuelles par le moyen du crédit confirmé.

Le tiré se trouverait alors débiteur vis à vis de la banque au taux habituel de ses avances. Il ne serait engagé que pour un montant réelle

nent représenté par des marchandises dûment assurées et couvertes,
ui deviendraient pour la banque un gage réel.

A l'aide des renseignements commerciaux, les établissements de
rédit coloniaux, soigneusement éclairés par leurs correspondants,
ourraient, en toute sécurité, escompter le papier des maisons hors la
olonie (1), et fixeraient le chiffre de découvert dont pourrait jouir le
égociant local qui demanderait à bénéficier de ces facilités.

Détenant le gage, la banque pourrait, en toute connaissance de
ause, accorder des délais en cas de besoin. Etant en mesure de financer
outes les opérations de ses clients, elle pourrait bien mieux les estimer
 c'est là encore un des grands avantages de la mesure proposée.
ctuellement la plupart des éléments d'information font défaut aux
anques coloniales pour leur permettre d'apprécier les engagements
énéraux de ceux dont elles escomptent la signature.

Le § 2 ainsi modifié permettrait également les « avances sur traites à
vrer », par le fait même qu'il les autorise à acheter à livrer. Dans bien
es cas, cette mesure allègerait les prêts sur récoltes.

Un négociant ou usinier, ayant vendu à terme à la banque locale
 chiffre x, de traites documentaires au moment où il acquiert des
roducteurs le produit qu'il exportera, doit le régler. S'autorisant de sa
nte à livrer, les intéressés feraient escompter un effet portant leur
gnature et correspondant à leur transaction. Lors de la remise des
fets documentaires à la banque par l'exportateur, les avances reçues
endraient naturellement en déduction du prix que la banque verserait
 contrevaleur à son client.

Les améliorations que la concurrence fait naître dans les méthodes
nployées provoquent la diminution du prix de l'intermédiaire, et,
r les marchés mondiaux, une baisse des produits à laquelle ne
uvent échapper les pays producteurs que sont nos anciennes
lonies.

Les moyens financiers mis à leur disposition étant demeurés presque
tégralement ce qu'ils étaient il y a plus d'un demi-siècle, et un demi-
cle de cet ère de progrès qu'à été le XIX\e siècle, les produits importés
 profitent pas des éléments que subit l'exportation ; il y a rupture
quilibre.

C'est là une des causes importantes d'infériorité pour nos colonies,
nt les produits ne trouvent plus que difficilement leur écoulement
ns la métropole, malgré des droits protecteurs élevés.

Au § 8 du même article 10, il faudrait ajouter le mot : « chèque », et
nsacrer ainsi un usage établi ; ce paragraphe deviendrait :

« 8° A émettre des billets payables à vue ou au porteur, des billets à
re, des traites, mandats ou chèques »

es autres paragraphes de l'art. 10 ne nécessitent pas de modifica-
n, mais il y aurait lieu d'ajouter un dixième paragraphe au neuf
stants. Il serait ainsi conçu :

---

(1) Les grosses maisons de commission qui approvisionnent nos anciennes
nies sont pour la plupart fort anciennes, de toute honorabilité et connues.

« 10° Consentir en conseil d'administration ou d'escompte toutes avances en compte-courant, exiger toutes garanties. »

Ce nouveau paragraphe se justifie par le fait que les transactions des fortes maisons de commerce nécessitent un mouvement de fonds et par conséquent des disponibilités qu'elles n'ont pas toujours et que les banques leur fournissent généralement. Il y aurait tout intérêt à substitüer des comptes « d'avances en compte-courant » aux escomptes croisés des maisons de tout repos. Les risques se trouveraient considérablement réduits par suite des garanties additionnelles de toute nature qui sont généralement exigées par l'ouverture de tels comptes. Ils répondent à des nécessités réelles, sont très élastiques et n'exigent qu'une surveillance ordinaire. Cette facilité n'est du reste accordée qu'aux maisons de tout repos.

Les articles 11 à 18 sont à maintenir.

L'article 19 demande à être élargi. Il stipule que :

« Les sommes que la banque a encaissées pour le compte des particuliers ou des établissements publics ou qui lui sont versées à titre de dépôt *ne peuvent porter intérêt*. Ces sommes peuvent être retirées à volonté du propriétaire des fonds ; elles peuvent être, sur sa demande transportées immédiatement par virement à un autre compte ».

Sauf la clause restrictive concernant les intérêts, cet article énonce des principes de droit commun.

On pourrait maintenir :

« Les sommes que la banque a encaissées pour le compte des particuliers ou des établissements publics ou qui lui sont versés en dépôt ne portent pas intérêt. Il peut cependant être dérogé à cette règle par décision du conseil d'administration, qui fixe alors le taux de l'intérêt bonifié. »

Les comptes-courants sont la force des banques : ceci n'est plus à démontrer. Ils sont pour ainsi dire le baromètre où se lit la confiance qu'elles inspirent. Il est donc nécessaire que les établissements de crédit puissent, en cas de nécessité, les avantager et les attirer ou les retenir. Les conseils d'administration ne seraient jamais enclins à accorder trop facilement des intérêts que tous pourraient réclamer et qui deviendraient une lourde charge. La banque de l'Indo-Chine, par exemple, n'use que très sagement de cette faculté, et seulement dans les cas où ce sacrifice répond à des usages ou à des besoins réels. Il est hors de doute que les autres banques agiraient de même.

Les art. 20 à 22 peuvent être maintenus.

Le § 2 de l'art. 23 demande à être entendu.
Cet article dispose :
« § 1er. — La banque ne peut fournir des traites ou mandats que lorsque la provision en a été préalablement faite.
« § 2. — Les titres représentant en totalité ou en partie le capital social et les réserves pourront être déposés au nantissement dans une banque de la métropole désignée par le ministre des colonies, la co

mission de surveillance entendue. Le crédit ouvert par cet établissement sera admis à valoir comme provision, *mais il ne pourra dépasser le montant des titres déposés en garantie.* »

La restriction que ce paragraphe contient *in fine* est devenue tout à fait incompatible avec le développement du crédit et les usages actuels; il faudrait supprimer purement et simplement les mots en italiques. Ce paragraphe interdit à la banque de se faire des fonds au moyen de son portefeuille long. Il faut absolument que les banques coloniales, en raison même des difficultés qu'elles ont à vaincre et du peu d'éléments que leur offre la contrée où elles opèrent, puissent utiliser toutes les ressources qui sont à la portée des autres établissements financiers. Le gouvernement, en les créant dans des pays où une seule banque pouvait vivre, s'engageait par là même à les rendre capables de seconder les énergies locales dans tous leurs besoins. De même que, dans un grand centre, les maisons peuvent et ont intérêt souvent à se spécialiser; de même un établissement, surtout d'utilité publique, *unique de par la force des choses*, opérant sur un marché restreint, doit généraliser ses opérations et satisfaire tous les besoins financiers du pays.

L'outillage de cet établissement doit être en rapport avec son objet; les époques de réalisation des produits du sol ne concordent pas avec les besoins de l'importation. Il faut donc mettre la banque locale en mesure de se créer des fonds, de se constituer provision lorsqu'elle aura à livrer des transferts ou des traites au commerce d'importation. Pour cela, elle doit pouvoir donner à l'établissement métropolitain sur lequel elle tirera n'importe quelle garantie, son portefeuille documentaire par exemple, du moment que son correspondant l'accepte. Les banques coloniales ne doivent pas être obligées de donner exclusivement des titres en garantie de leur découvert.

Toute latitude doit être laissée de ce côté. Les grands établissements de crédit n'accordent pas de découverts qui les mettent en péril. C'est bien plutôt leur sévérité et leurs exigences qui sont à craindre.

Les banques coloniales, dont on doit exiger beaucoup, doivent, d'un autre côté, pouvoir utiliser tous les moyens courants de se faire du crédit employés par les établissements financiers du monde entier. Il ne faut pas que, dans un pays où la création d'une banque officielle interdit la création de tout autre établissement financier similaire, cette banque puisse à un moment donné se trouver dans l'impossibilité de fournir des traites, paralysant ainsi tout le commerce d'importation et causant une perturbation des plus dangereuses.

Les art. 24 à 58 peuvent sans inconvénient être maintenus tels qu'ils sont actuellement.

*
* *

Les améliorations que nous avons indiquées ne sauraient être plus longtemps différées.

Nos banques coloniales sont à ce point arriérées que nous pourrions en citer une, au moins, qui ne possède aucun code télégraphique, même de ceux qui se trouvent couramment dans le commerce. Cet établissement câble en clair, se servant seulement d'un mot de contrôle. Outre les dangers qui résultent quelquefois des confusions de transmission, — il est fréquent que l'on câble : payez *dix* mille pour : payez *six* mille —, un ordre de paiement télégraphique donné par un négociant est connu de tous, alors que ce négociant peut avoir intérêt à ce que le secret que garantissent ordinairement les banques abrite ses transactions et ses sources d'achat.

Bien mieux : en examinant les comptes de profits et pertes insérés à la suite des rapports présentés aux assemblées générales des actionnaires par les Conseils d'administration, on se demande si les banques coloniales établissent bien de véritables bilans, et ne distribuent pas comme bénéfice la solde des comptes de profits et pertes tel qu'il est accusé par les balances mensuelles, après une simple centralisation. On ne voit nulle part, en effet, trace du réescompte de leur portefeuille.

De tels errements ne peuvent plus subsister.

*
* *

En dehors des statuts, il est encore une réforme qui s'impose impérieusement. C'est la suppression du visa préalable de l'Agence centrale des banques coloniales obligatoirement requis pour que les paiements ou encaissements dont est chargé le comptoir national d'Escompte de Paris, actuellement correspondant officiel des anciennes banques coloniales, puissent être effectués.

Les traites émises par les banques coloniales doivent, par exemple, être présentées dix jours avant leur échéance à l'agence centrale des banques coloniales pour que le paiement puisse avoir lieu.

Il est facile de comprendre les difficultés qui en résultent pour le bénéficiaire. Cela permet à beaucoup de négociants de vendre des traites ou chèques, qui sont alors négociés en France sans aucune formalité et font ainsi concurrence aux banques coloniales.

L'Agence centrale ne se justifie plus aujourd'hui comme moyen de contrôle, et devrait être placée sous l'autorité des banques.

Il faudrait donc la réduire à ce rôle d'agent.

Soutenir que ce n'est pas suffisant, c'est affirmer la nécessité d'une nouvelle organisation, d'une banque unique, ayant son siège en France et capable de rendre des services complets.

La question, en ce qui concerne cette agence centrale, se pose sous la forme alternative suivante :

1° Est-il possible de laisser à chaque banque coloniale son autonomie en maintenant l'agence centrale modifiée ?

2° La création d'une banque unique s'impose-t-elle, et, en cas d'affirmative, comment doit-elle être constituée, en tenant compte de tous les intérêts en présence ?

Dans l'hypothèse du maintien de l'autonomie des banques coloniales remaniées dans le sens que nous avons indiqué, on évite la liquidation des anciennes sociétés et les problèmes qui s'y rattachent, problèmes nullement insolubles du reste et dont nous proposons plus loin la solution

tion, mais qu'il est incontestablement plus aisé de supprimer purement et simplement.

Les banques coloniales ont des intérêts communs ou tout au moins parallèles, qui se prêtent à leur centralisation dans une même main. Les affaires contentieuses et les affaires financières demandent à être traitées d'ensemble et d'accord. Il est donc indispensable que ces banques aient un agent commun qui leur soit propre. L'agence centrale devrait être conservée. Mais que devrait être cette agence?

Actuellement l'agent central des banques coloniales est régi par le décret complémentaire de la législation organique des banques coloniales du 17 novembre 1852. Il était nommé et révoqué, aux termes de ce décret, par le Ministre des colonies : il est aujourd'hui nommé par décret (1) sur une triple liste de candidats formée par la Commission de surveillance des banques coloniales. Les dépenses du personnel et du matériel de l'agence centrale sont à la charge des banques, mais déterminées par arrêté ministériel.

L'agent qui, comme son nom l'indique, agit pour le compte des banques, devrait, non pas leur être imposé, mais être librement choisi par elles, soit parmi leur personnel, soit parmi des personnalités éprouvées et rompues aux affaires.

L'agence peut rester commune à toutes les banques dans leur intérêt pécuniaire, mais le chef de cette agence ne devrait pas être un fonctionnaire. D'une part, en effet, elles n'ont sur lui aucune autorité, et, d'autre part, ce fonctionnaire, quelque capacité qu'il puisse avoir à tous égards, court grand risque de n'être au courant ni des usages commerciaux, ni des opérations des banques, ni des conditions économiques et commerciales des colonies.

Cette opinion était déjà exprimée, à l'époque de la création des banques, par l'éminent rapporteur de la Commission parlementaire, M. Chégaray, qui la développa dans les termes suivants à la séance de la Commission du 5 avril 1851 :

« Votre Commission, Messieurs, n'a pu admettre cette organisation ainsi entendue et commentée d'une agence centrale des banques coloniales. Il lui a paru, sans doute, que le gouvernement devait exercer sur leurs opérations un contrôle rigoureux et une incessante surveillance ; mais elle ne pense pas que ce contrôle, cette surveillance puissent aller jusqu'à absorber toute leur liberté d'action, ce qui affranchirait par là même leur administration de toute responsabilité. Or c'est ce qui arriverait si l'administration de la banque, ne pouvant choisir librement ses agents en Europe, était contrainte d'accepter ceux qu'il plairait au ministère de la marine de lui imposer. Qu'on veuille bien réfléchir, en effet, que ces agents, si leurs attributions pouvaient être telles que les indique l'exposé des motifs, seraient de véritables fonctionnaires publics chargés de recevoir, pour le compte des banques, des consignations de denrées coloniales, de veiller au débarquement au bénéficiage, au magasinage de ces denrées, de procéder à leur vente, d'en réaliser le montant, d'en remettre aussi la contre-valeur, comme aussi d'encaisser le montant, des effets sur France remis par l'administra-

---

(1) Décret du 16 novembre 1905, au *Recueil* 1906, 1re partie, p. 11.

tion des banques, d'en faire les retours, etc..... Une telle situation serait évidemment intolérable, soit que l'État fût responsable des actes de ces fonctionnaires d'un nouveau genre, soit qu'il se refusât à en répondre après les avoir imposés. »

Les difficultés au milieu desquelles les banques coloniales furent créées ne permirent pas de suivre cet avis si sage. L'existence d'un agent spécial aux banques coloniales était indispensable. L'État, ainsi que nous l'avons exposé dans notre précédent article, était obligé de créer lui-même de toutes pièces les banques coloniales. On se contenta de restreindre les pouvoirs de l'agence, l'agent central seul étant fonctionnaire.

C'est là, il faut en convenir, une institution assez étrange. L'agent central, qui en est le chef, est nommé par décret dans la forme indiquée plus haut. Actuellement il est doublé lui-même d'un autre fonctionnaire qui porte le titre d'adjoint à l'agent central des banques coloniales. Enfin le tout est placé sous la haute surveillance de la Commission de surveillance des banques coloniales.

Il serait plus rationnel de remettre le choix de l'agent central aux banques coloniales. La Commission de surveillance des banques coloniales entendue, le Ministre des colonies serait appelé à ratifier, s'il y avait lieu, le choix du candidat ayant réuni le plus de suffrages.

Le rôle de l'agent central ainsi nommé se bornerait à exercer, pour le compte des banques coloniales, toutes actions judiciaires ou extra-judiciaires, à surveiller la confection des billets de banque, à s'occuper des transferts d'actions, ainsi que de l'accomplissement des formalités nécessitées par la réunion des assemblées générales des actionnaires, à soigner le portefeuille documentaire des banques recouvrable en France, enfin à exécuter les ordres que lui passeraient ses mandants. Il agirait en véritable agent commercial des établissements de crédit coloniaux. Le rôle de cet agent serait alors mieux défini, et le contrôle de l'État n'en serait que plus aisé.

Toutes les attributions actuelles de l'agent central qui touchent au contrôle devraient en effet être supprimées. Il en est ainsi, avant tout, de la formalité du visa. Sous le présent régime, les banques ne peuvent vendre de traites dont l'échéance soit inférieure à dix jours de vue, parce que l'arrêté ministériel du 31 mars 1874 dispose dans son article 10 que : « Les traites ou mandats de paiement sur France qu'émettront les banques coloniales seront présentés par les porteurs au visa de l'agent central, qui devra aviser l'établissement de crédit sur qui ces dispositions seront faites dans les dix jours qui précéderont l'échéance. » Cette formalité tient donc en suspens le paiement d'une dette librement et régulièrement contractée par les banques. Une pareille institution est manifestement vieillie.

Une des meilleures preuves, du reste, du défaut de concordance de ces textes avec les besoins et les habitudes modernes, c'est qu'ils ne parlent jamais de l'étranger. Il n'y est question que des opérations faites avec la France, comme si les banques ne connaissaient que la métropole, et les formalités qu'ils imposent se trouvent nécessairement sans application à toutes les relations avec les pays étrangers dont l'importance ne fait que croître.

En outre, la plus grande liberté devrait être laissée aux banques pour le choix de leur correspondant financier, tant en Europe que dans les autres parties du monde. Elles constituent dès maintenant une clientèle suffisamment intéressante pour susciter la concurrence des maisons de banque. Elles sont actuellement privées du bénéfice de cette concurrence, l'établissement correspondant étant désigné d'office par le département des colonies, la Commission de surveillance entendue. C'est là un point qui peut être lourd de conséquences pour le gouvernement. Quelle serait en effet l'attitude du pouvoir central au cas de déconfiture du correspondant qu'il a imposé? Que répondrait-il aux réclamations d'indemnité que lui adresseraient les banques coloniales si leurs dépôts se trouvaient compromis?

En résumé : les statuts des banques coloniales appropriés aux besoins actuels, l'agence centrale des banques coloniales réorganisée, plus de liberté laissée aux établissements de crédit dans le choix de leurs correspondants, telles seraient les conditions dans lesquelles le principe de l'autonomie des banques coloniales pourrait être sauvegardé.

La seconde question se pose alors.

Cette réorganisation suffirait-elle? Les banques coloniales ainsi réformées seraient-elles mieux en mesure de remplir l'objet de leur institution, c'est-à-dire de contribuer au relèvement et à la prospérité des anciennes colonies?

Nous sommes convaincus de la négative. Il faut faire mieux.

Plus l'instrument financier mis au service d'un pays possède de force et d'élasticité, plus il peut rendre de services.

Le moyen le plus direct et le plus certain d'augmenter sa puissance, c'est d'augmenter ses ressources, c'est de multiplier dans son organisme les éléments d'affaires, de les diversifier et ainsi de les équilibrer.

L'état économique très particulier de nos anciennes colonies des Antilles et de la Réunion présente une certaine analogie, en ce sens que leur décadence dérive des mêmes maux. Ces contrées nécessitent des soins spéciaux. Il ne faudrait donc pas que leur organisation financière fût assurée par un établissement qui ne serait pas rompu à leurs us, coutumes et besoins, quelle que fût sa puissance.

Il est tout indiqué de fusionner entre eux nos établissements actuels de la Martinique, de la Guadeloupe, de la Guyane et de la Réunion.

Issus du même principe, engendrés par les mêmes causes, leur union, tout en accroissant leur force et en leur assurant l'indépendance, laissera cependant à leur administration centrale d'Europe les mêmes préoccupations de tout mettre en œuvre pour assurer le développement des pays desservis, et par répercussion celui de la banque. Tout son effort, toute son initiative, ses relations, porteront forcément ainsi sur les pays qui nous intéressent.

Situés sous des latitudes et dans des hémisphères différents, leurs sièges auront à faire face à des besoins qui, ne se produisant pas en même temps dans les quatre colonies, permettront d'équilibrer les mouvements de trésorerie du siège social.

La question, dont on conçoit tout l'intérêt et l'étendue, a déjà retenu à diverses reprises l'attention de plusieurs personnalités.

Le premier, M. J. Pélissier, directeur du *Moniteur des Colonies*, en fit l'objet d'une brochure parue en 1890. Puis, le journal *La Politique coloniale* s'en occupa et préconisa la création d'une banque coloniale au cours d'une série d'articles.

M. Delcassé, alors Ministre des colonies, ne voulant pas rejeter *à priori* une idée accueillie par la presse qui s'occupe le plus spécialement de choses coloniales, pensant que la réalisation de cette idée pouvait avoir une influence heureuse sur l'avenir économique des anciennes colonies, la soumit à l'étude d'hommes choisis dans les sphères les plus élevées de l'administration et de la finance.

Un arrêté ministériel, dont le texte se trouve au *Journal officiel* du 28 juillet 1894, institua une Commission chargée d'examiner les diverses questions se rattachant au renouvellement du privilège des banques coloniales, qui arrivait à expiration dans l'année.

Firent partie de cette Commission : MM. Magnin, gouverneur de la banque de France, président ; Mojon, Marquès di Braga, A. André, le baron Mallet, Mercet, Dubard, Delatour, Haussmann, Chailley-Bert, Chanel, Gabrié, Colin.

Pour permettre à la Commission de se livrer à l'examen de la question sans être pressée par une échéance, le Ministre avait présenté à la signature du Président de la République un décret, daté du 10 juillet 1894, prorogeant jusqu'au 1er janvier 1896 le privilège des banques coloniales sur les anciennes bases.

Cette même année 1894, M. Roy, alors agent central des banques coloniales, combattant le principe de la création d'une banque unique, présenta un remarquable rapport au nom des établissements coloniaux, sous le titre : Considérations présentées par l'agent central des banques coloniales en faveur du renouvellement du privilège de ces établissements.

On comprend, par le rapport de la Commission parlementaire cité plus loin, pourquoi la réponse de M. Roy fut aisée. Passant rapidement en revue le projet de banque unique, il s'efforça de démontrer que les banques n'avaient pas failli à leur mission, et demanda le statu quo. Les vœux émis indépendamment par les banques elles-mêmes et par plusieurs autres autorités coloniales concluaient dans le même sens.

Dans l'exposé des motifs du projet de loi portant prorogation du privilège des banques coloniales (renvoyé à la Commission des colonies) présenté le 29 juin 1895 an nom de M. Félix Faure, Président de la République, par MM. Chautemps, ministre des colonies, et Ribot, président du Conseil, ministre des finances, les rapporteurs conclurent en faveur du renouvellement pur et simple, sous réserves de certaines modifications aux statuts imposées par la Commission ou le gouvernement.

On lit, en effet, à la deuxième page de ce rapport :

« Les considérations développées en faveur de cette nouvelle institution (banque unique) n'ont pas paru concluantes. On s'est trouvé en présence de projets simplement ébauchés, dans lesquels les graves questions ayant trait à la transition de l'ancien état de choses au nouveau, à la liquidation des banques existantes, à la sauvegarde des intérêts du Trésor intimement liés au sort de ces dernières, n'étaient même pas étudiées..... »

Et plus loin :

« ..... Aussi cette dernière solution (renouvellement pur et simple) a-t-elle prévalu, sans toutefois qu'on ait perdu de vue les imperfections du régime qu'il s'agit de proroger. »

Le renouvellement pur et simple du privilège des banques coloniales fut donc chose décidée. Il eut lieu à plusieurs reprises à titre provisoire, et enfin la loi du 13 décembre 1901 accorda une prorogation de dix années.

Il est intéressant de relever les considérations qui guidèrent le gouvernement et la Commission, et qui motivèrent les quelques modifications introduites dans les statuts pour les rendre tels qu'ils sont aujourd'hui.

Ces considérations furent les suivantes :

1° Dégager la responsabilité de l'Etat ;

2° Donner une sanction aux prescriptions édictées par la loi et par les statuts ;

3° Assurer une inspection efficace des banques ;

4° Réglementer la procédure à suivre en cas de dissolution de la Société ou de liquidation.

Le troisième rapport, fait par M. Louis Brunet, député de la Réunion, et annexé au procès-verbal de la séance de la Chambre du 28 janvier 1898, contient le passage suivant également intéressant à reproduire :

« ..... Par cet exemple, on verra quelle a été la méthode de travail de la Commission, tendant à écarter toutes les contestations pour parvenir, avant tout, au renouvellement du privilège de nos banques coloniales. »

Nous nous proposons, tout d'abord, de démontrer la nécessité et la possibilité de la création d'une banque unique, puis de déterminer les conditions de cette création.

La nécessité de la fusion découle essentiellement dans les avantages suivants qu'il faut assurer :

1° Complète indépendance d'un Conseil d'administration siégeant en Europe et soustrait aux influences locales;

2° Diminution de la responsabilité du gouvernement ;

3° Accroissement de la puissance et de l'élasticité de la banque ainsi que de la sécurité de la circulation;

4° Equilibre rétabli dans les mouvements de trésorerie.

Reprenons ces divers points :

1° *Garanties d'indépendance du Conseil d'administration.*

Les facilités trop grandes apportées dans les escomptes et les prêts accordés à la clientèle constituent le gros écueil contre lequel se sont heurtées les banques de nos quatre anciennes colonies. Les Conseils d'administration locaux n'ont pas toujours joui de l'indépendance qui leur aurait été nécessaire pour refuser des crédits trop importants ou pour exécuter des débiteurs trop récalcitrants. Bien souvent, les membres de ces Conseils d'administration sont engagés fortement eux-mêmes envers la banque, ou se sentent portés à l'indulgence pour des clients de l'établissement qui se trouvent être en même temps les leurs.

2º *Diminution de la responsabilité du gouvernement.*

Le directeur d'une banque coloniale diffère beaucoup des directeurs des banques ordinaires. Il est président de droit du Conseil d'administration. Aucune opération ne peut être faite sans son consentement. Il est nommé par *décret* et ne peut être révoqué que dans la même forme. Les émissions de billets ont lieu sur autorisation du *gouverneur*. *Le ministre des colonies* désigne l'établissement de crédit qui, seul en Europe, peut être pris pour correspondant par les banques coloniales. Le *ministre* nomme le censeur *légal*. Le *trésorier-payeur* de la colonie est *commissaire du gouvernement* près la banque de sa résidence, il représente le *ministre des finances*. Toute répartition de dividendes est soumise à *l'approbation ministérielle*. Enfin, comme il a été dit plus haut, l'agent central est nommé par *décret*.

Ainsi, à chaque pas, on rencontre l'ingérence du gouvernement. Il est tantôt agent d'exécution, tantôt tuteur, ou simplement contrôleur. La responsabilité qu'il encourt de ce fait est excessive, et il y a tout avantage à la réduire.

Le Conseil d'administration, qui devrait être tout, ne peut actuellement concevoir aucun plan, ni imprimer à la banque aucune direction. Tout est subordonné au droit de veto du directeur, qui ne tient aucun de ses pouvoirs des actionnaires.

La logique et le droit s'accordent pour que le choix du directeur soit laissé à la société. Cela ne l'empêcherait nullement de rester soumis à la censure de la Commission de surveillance des banques coloniales et du département.

Le contrôle de l'Etat sur les banques coloniales privilégiées n'est pas seulement salutaire, il est indispensable : l'Etat ne peut pas s'y soustraire sans manquer à son devoir. Mais ce droit de contrôle n'a nullement pour conséquence d'imposer aux sociétés des directeurs choisis entièrement en dehors d'elles, sans qu'elles soient consultées.

Les règles actuelles s'expliquent par la situation qui était faite aux actionnaires lors de la création des banques. En 1851, ces actionnaires, malgré eux, n'étaient même pas connus. Il fallait veiller à leurs intérêts, et tout organiser sans eux et en leur nom. Tout a changé aujourd'hui. Les sociétés fonctionnent, depuis de longues années, dans des conditions normales. Les actionnaires n'ont rien qui les différencie de ceux des autres banques. Leur incapacité ou leur minorité a cessé, et ne réclame plus de tutelle. Le rôle de l'Etat doit donc changer de caractère, et son intervention n'a plus besoin d'être aussi directe.

Cela serait d'autant plus vrai, avec la nouvelle organisation, que l'Etat aurait affaire au Conseil d'administration de la banque unique résidant à Paris, c'est-à-dire à une réunion d'hommes d'affaires appartenant à des groupes différents, indépendants, et n'ayant à compter avec d'autres influences que celles que représenteraient les intérêts dont ils auraient la garde de par leur mandat.

3° *Accroissement de la puissance de chaque branche.*

On comprend facilement que si la banque de la Guadeloupe, par exemple, était la succursale d'une banque plus puissante, elle serait plus solide et inspirerait plus de confiance.

De plus, un Conseil d'administration siégeant en Europe, et composé de personnes soustraites à toute influence locale, par suite uniquement préoccupées des intérêts de l'établissement, présenterait des garanties de prudence, d'impartialité, d'initiative très favorables à sa prospérité.

Par les soins de ces administrateurs, des groupes financiers importants pourraient être initiés, puis gagnés aux affaires des anciennes colonies. Actuellement on ignore presque tout de ces pays dans le domaine pratique, et on n'y voit d'affaires possibles que sous le jour de loteries.

L'administration de la banque unique ferait connaître les pays qu'elle desservirait et amènerait à elle un courant de capitaux, à son profit et à celui des colonies.

Aucune maison, européenne ou autre, d'exportation ne refuserait de traiter sur la base de crédits ouverts par la banque coloniale, tandis qu'actuellement le besoin de garantie de l'expéditeur n'est nullement satisfait. De plus, l'obligation où on se trouve de se renseigner auprès d'une banque dont le siège se trouve à des milliers de lieues complique singulièrement les choses.

Aux Antilles comme à la Réunion, une banque unique atténuerait presque complètement les crises économiques, ce qui ne sera jamais possible à une banque locale, quelles que soient les mesures qu'elle adopte, car il en est qu'elle ne pourra adopter tant qu'elle ne pourra compter que sur elle seule.

Peut-on ne pas reconnaître également que les intérêts du Trésor, liés à ceux des banques coloniales à raison du cours légal accordé à leurs billets, courraient bien moins de risques avec une banque générale qu'avec les banques locales? La garantie de la circulation augmenterait avec la puissance de la banque d'émission.

4° *Équilibre rendu aux mouvements de trésorerie.*

Les saisons, et par conséquent les époques des récoltes ne coïncidant pas dans les deux hémisphères, les réalisations ont lieu à des moments différents. Les besoins de remises et de tirages ne se font pas sentir en même temps dans les quatre colonies. Les provisions constituées par une succursale serviraient à faire face aux dispositions d'une autre, et réciproquement. Il s'établirait une balance naturelle entre les différents sièges, et la direction de Paris, surveillant ces fluctuations, éviterait les à-coups. Le cas échéant, elle réescompterait ou mettrait en pension une partie de son portefeuille; dans le cas contraire, elle pourrait utiliser ses disponibilités.

Sous les réserves que nous avons indiquées, elle choisirait ses correspondants et pourrait ainsi obtenir de puissants et utiles concours en intéressant la haute banque à ses affaires.

Ses différents sièges s'entr'aidant, comme nous l'avons indiqué plus haut, on ne verrait plus se renouveler ce fait presque incroyable et qui pourtant s'est reproduit plus d'une fois, d'une banque privilégiée, unique dans un pays, créée par le gouvernement, se déclarant incapable de vendre des traites sur France faute de provision, alors qu'aucun autre établissement pouvant vendre du papier ne se rencontre dans le pays. Le commerce d'import s'affole et tombe à la merci des exportateurs auxquels il achète directement des traites. Le change, en pareil cas, a atteint 35 0/0 à la Guadeloupe.

En relisant ce qui a été écrit sur la question, on se trouve amené à conclure avec MM. Ribot et Chautemps qu'aucune proposition complète n'a jamais été faite jusqu'ici. La lutte a, du reste, été abandonnée par les promoteurs du projet de banque unique. C'est ainsi que M. Roy, dans ses « Considérations présentées par l'agent central des banques coloniales en faveur du renouvellement du privilège accordé à ces établissements », a pu donner comme argument, en faveur du maintien du statu quo, que les banques tendent à se particulariser par la nature des opérations plus spécialement pratiquées par chacune d'elle. Or, cette diversité est tout au contraire en faveur de la fusion. Nous en avons vu plus haut les raisons.

La tâche de l'opposition était du reste facilitée par la faiblesse des projets présentés ; aussi a-t-elle surtout consisté à retracer consciencieusement les origines des institutions qui nous occupent, et à s'efforcer de faire la preuve qu'elles avaient rempli leur but. On en concluait qu'il n'y avait rien de mieux à faire que de laisser les choses en l'état. C'était certainement plus commode. Les banqnes coloniales ont mis en avant, aussi, que le régime de la banque unique serait d'exploitation plus onéreuse. Nous ferons plus loin la preuve du contraire.

Le rapport de M. Roy, — je cite ce document parce que c'est la pièce capitale du dossier de la thèse adverse, — s'efforce encore de prouver que la banque de France ne saurait se substituer aux banques coloniales.

Cette éventualité n'a jamais été sérieusement envisagée. Les raisons qui ne permettent pas à la banque de France les immobilisations à long terme et surtout les prêts agricoles sont tellement connues qu'elles n'ont pas besoin d'être rappelées.

Dans ces conditions, le gouvernement ne pouvait agir autrement qu'il l'a fait. Il connaissait les nécessités auxquelles répondaient les banques coloniales ; il renouvela leur privilège, mais en déclarant expressément qu'il n'ignorait pas les imperfections du régime dont il prolongeait l'existence.

Ce n'est pas au gouvernement à jeter les bases d'une nouvelle institution. Il ne peut que donner son assentiment à un projet conçu, en dehors de lui, par l'initiative privée.

Le projet Pélissier était incontestablement sérieux et consciencieux, mais incomplet. Ainsi il laisse de côté les questions transitoires. Il a le défaut plus grave de vouloir embrasser dans une affaire unique toutes les ressources financières de l'ensemble de nos colonies. Cette trogrande centralisation, touchant au monopole dont le nom, seul, lui manquerait, doit être écartée. Nous avons donné plus haut les raisons pour lesquelles les banques des anciennes colonies doivent fusionner, mais garder leur caractère.

Nous arrivons à l'organisation de la banque unique.

La banque des anciennes colonies, qui pourrait s'appeler tout simplement « Banque coloniale », installerait son administration centrale à Paris. Un budget annuel d'une centaine de mille francs y suffirait. Les économies réalisées par le fait de la suppression de l'agence centrale des banques coloniales couvriraient en grande partie les nouvelles dépenses. Les autres économies réalisées sur les commissions actuellement payées à l'établissement financier qui leur sert de correspondant, les bénéfices résultant de l'escompte du papier fourni d'Europe sur les colonies, balanceraient et au-delà les frais généraux d'Europe.

Le Conseil d'administration, choisi par les actionnaires, réglerait par un acte intérieur les questions de personnel et de répartition du travail dans les bureaux.

Le directeur aurait un rôle de directeur et ne présiderait plus le Conseil d'administration.

Dans les colonies, le chiffre des frais généraux serait plutôt réduit qu'augmenté.

Le cadre des agences ou succursales pourrait être très suffisamment composé d'un directeur, d'un caissier, d'un chef de comptabilité, tous trois étrangers au pays. Quelques employés recrutés sur place compléteraient le personnel. La dépense annuelle, en tenant compte des frais de voyage et des congés, de l'amortissement des immeubles et du matériel et des autres frais généraux, varierait suivant les sièges entre 100.000 et 150.000 francs. Il y aurait donc plutôt économie.

Ces chiffres se justifient par le rapport présenté au Président de la République sur les opérations faites par les banques coloniales au cours de l'exercice 1906-1907, qui est le dernier paru et qui indique comme *dépenses d'administration seulement*, autres frais généraux exclus :

Banque de la Réunion......	(en chiffres ronds)	146.000
— Martinique..	—	95.000
— Guadeloupe.	—	141.000
— Guyane.......	—	68.000

Les Conseils d'administration locaux, supprimés, seraient remplacés par des Conseils d'escompte inspirés de ceux qui fonctionnent dans les sièges de la banque de l'Indo-Chine à la satisfaction générale.

Le cadre de chaque agence, c'est-à-dire les employés ayant la signature sociale, se réunirait sous la présidence du directeur du siège. Le censeur légal désigné par le Ministre des colonies et le commissaire du gouvernement délégué par le Ministre des finances assisteraient aux séances.

Un règlement intérieur émanant du siège social déterminerait celles des opérations dont l'appréciation serait réservée au Conseil de Paris.

Pour les colonies où les défectuosités du service télégraphique interrompent fréquemment les communications, des règles spéciales pourraient être édictées par le Conseil d'administration, et permettraient au

Conseil d'escompte ou au directeur de prendre les décisions que justi-
fierait l'urgence.

L'organisation nouvelle ne souffrirait donc aucune difficulté et offrirait
autrement de souplesse, de facilités et de garanties que l'organisation
actuelle.

C'est à tort que les Conseils d'administration locaux, notamment
celui de la banque de la Guyane, ont prétendu en 1894 que, selon toutes
probabilités, les tarifs existant alors ne pourraient être abaissés. Dans
cette même Guyane, notamment depuis la gestion de M. l'Inspecteur
des colonies Vivien, qui dirige la banque locale depuis 1899, de grandes
améliorations ont été apportées. Les tarifs ont été sensiblement réduits.
On peut faire mieux encore. Les transferts télégraphiques, par
exemple, supportent encore une commission de paiement de 2 0/0. Le
Gold-point d'entrée est, en Guyane, aux environs de 1/4 0/0.

La banque coloniale s'étendrait peu à peu. Elle pourrait créer des
sièges dans les pays tels que les Antilles anglaises, où un courant
d'affaires suffisant leur garantirait le remboursement de leurs frais en
même temps que s'élargirait le cercle de ses opérations. Avec le temps
elle deviendrait une institution puissante, et vraiment utile et féconde.

Peut-être même pourrait-on trouver une combinaison qui dispen-
serait de recourir à une création de toutes pièces. Ne pourrait-on, par
exemple, se servir à cet effet de la banque de l'Afrique occidentale?

Cet établissement, si on le chargeait de cette réorganisation, n'absor-
berait pas les banques coloniales. Par ses origines, il est le mieux placé
pour comprendre leurs raisons d'existence. Il offre l'incontestable avantage de posséder des garanties sérieuses de bonne exécution de la
réforme, puisqu'il a tout récemment réalisé avec un succès complet sa
transformation de banque locale en banque générale. Il compte dans
son sein des personnalités financières, commerciales et industrielles
des plus éminentes, sur lesquelles le gouvernement pourrait entièrement se reposer du soin de la réorganisation. Le crédit dont il jouit
rendrait inutile le dépôt à titre de garantie des titres de rentes du
capital et des réserves des banques actuelles au Comptoir d'escompte.
La réalisation de ces valeurs pourrait permettre la constitution de la
nouvelle affaire avec un capital moindre que celui que nous proposons
dans la présente étude. Nous ne faisons qu'indiquer ici à titre d'hypothèse l'éventualité de cette fusion, uniquement pour montrer que les
solutions abondent, et qu'il sera aisé d'en trouver une, pourvu qu'on
cherche.

Reste à établir que non seulement le commerce et les colonies ont
intérêt à ce changement, mais que les intérêts bien compris des actionnaires des banques actuelles ne peuvent que se trouver mieux du nou-
vel état de choses.

Nous ne parlons pas ici des intérêts du Trésor, qui ne peuvent que
gagner, puisque la garantie offerte par la banque serait plus considérable. Le capital serait doublé, comme nous le verrons plus loin; enfin
l'État ne pourrait tirer qu'avantage des améliorations générales, de la
disparition des crises monétaires et de l'assainissement de la circulation.

En ce qui concerne les intérêts particuliers des actionnaires, on s' est beaucoup servi pour critiquer les projets de fusion. On n'a pas manqué de dire que ce projet les appauvrirait, ou même les ruinerait, et on n'a pas négligé de faire valoir que beaucoup d'entre eux, héritiers ou acquéreurs, ont pour tout avoir, et surtout pour modeste avoir, des actions de la banque locale.

On a émis aussi la crainte que les actionnaires de certaines colonies ne fussent sacrifiés à l'intérêt des autres. Si cette crainte est vaine en ce qui concerne les colonies elles-mêmes dont les budgets restent distincts et qui toutes bénéficieraient d'un organisme plus puissant et plus moderne, elle a plus d'apparence pour les actionnaires, puisque le mauvais succès des affaires dans une seule colonie pourrait avoir pour résultat d'abaisser le dividende général.

Il s'agit donc de prouver qu'il est possible de sauvegarder les intérêts des actionnaires actuels, et de leur assurer, avec la garantie de leur capital actuel, le même revenu moyen que celui dont ils jouissent en ce moment.

Le problème n'est pas insoluble, et nous en indiquerons une solution.

Le capital sur lequel la nouvelle banque devrait être constituée, devrait être supérieur aux sommes actuellement engagées. Sans le porter à des limites exagérées, il pourrait être, en considération des situations actuelles, fixé au double, avec appel de la moitié seulement.

Ce système offrirait l'avantage, tout en ne nécessitant pas de nouvelle sortie de capitaux et en maintenant le même rendement, d'augmenter la garantie et l'élasticité de la circulation si cela était nécessaire, et de reculer en conséquence le point où les prescriptions du § 8 de l'art. 4 de la loi organique du 13 décembre 1901 deviennent prohibitives (1).

L'attribution à chaque siège de la part du capital mis à sa disposition serait faite par le Conseil d'administration, qui s'inspirerait des nécessités actuelles. La Réunion peut récompenser 3 millions 1/2 de francs, ainsi que la Guadeloupe et la Martinique. La Guyane peut facilement utiliser un minimun de 1 million. Soit au total 11 millions 1/2 de francs. Le capital nouveau pourrait donc être fixé à 24 millions, et divisé en 48.000 actions de 500 francs libérées de moitié.

Comme cela a lieu pour la banque de l'Indo-Chine, la circulation resterait propre à chaque colonie, et serait limitée par l'encaisse du siège principal de la colonie, l'administration centrale ayant seule à répondre de l'observation des prescriptions du § 8 de l'art. 4 de la loi organique.

On remarquera que la nouvelle banque serait dotée d'un capital nominal de 24 millions de francs, pour desservir des pays bien moins importants que ceux, par exemple, où est engagée la banque de l'Indo-Chine, alors qu'il suffit à cette dernière d'un capital de 36 millions dont un quart seulement est appelé. Cette différence tient à la nature des pays où opère chacun de ces groupes financiers. La banque de l'Indo-Chine fait peu de prêts sur récoltes : encore a-t-elle la garantie de la colonie pour ce genre d'affaires. Par contre, elle a de fortes opérations de change, et les opérations dites de première classe ne lui manquent pas. Au contraire, les opérations auxquelles se livrent forcément les quatre banques qui nous occupent sont presque toutes de la catégorie des opérations

______

(1) Voir à ce sujet le précédent article.

dites de deuxième classe, soit de celles qui exigent un capital plus important (1). Leurs principales opérations sont les prêts et escomptes.

Ceci posé, comment substituer la nouvelle société aux anciennes sans que les actionnaires anciens soient lésés?

Par un rachat, de forme en quelque sorte, effectué dans les conditions suivantes (2) :

Un capital de 24 millions, appelé pour moitié, représente 12 millions de francs à verser, répartis entre 48.000 actions de 500 francs libérées de 250 francs.

Pour apprécier le montant actuel total du capital et des réserves des quatre banques, nous nous référons, comme dans tout le cours de ce travail, au rapport présenté au Président de la République sur les banques coloniales pour l'exercice 1906-1907, dernier paru.

D'après ce document, les réserves et le capital des banques représentent, en chiffres ronds :

	CAPITAL	RÉSERVES (3)	TOTAL	TOTAL GÉNÉRAL
Banque de la Réunion... fr.	3.000.000	1.400.000	4.400.000	
— Martinique....	3.000.000	1.750.000	4.750.000	
— Guadeloupe...	3.600.000	830.000	3.830.000	14.170.000
— Guyane.........	600.000	590.000	1.190.000	

En prenant pour base le dernier bilan de chaque banque, celui qui serait établi à l'expiration du privilège par exemple, il s'agirait de déterminer la valeur réelle, à ce moment, du capital et des réserves de chaque société.

Ce calcul pourrait être fait très rapidement et n'empêcherait nullement l'entrée en fonctions immédiate de la nouvelle banque dans les locaux anciens.

Etant donnés les errements suivis par les banques coloniales, leurs points faibles, les sages prescriptions du département pour l'épuration des arriérés, on devrait prendre, d'une part : le capital et les réserves de toute nature de chaque banque ; et, d'autre part, le 1/5 du portefeuille de place sur signatures libres, la même proportion des prêts sur récoltes, les valeurs en souffrance dites à terme ou douteuses. La différence donnerait la valeur réelle du capital qui servirait de base au rachat. Les renseignements très exacts que l'on possède en haut lieu permettront à ceux qui en ont la disposition de se rendre compte qu'on arriverait ainsi à un résultat non seulement des plus équitables, mais aussi très exact.

Les sommes ainsi réservées ne seraient, du reste, nullement sacrifiées, comme nous le verrons plus loin.

Supposons le rachat opéré sur la base des bilans du 30 juin 1907. Nous aurions comme bases, en chiffres ronds :

---

(1) Courcelle-Seneuil, *Traité des opérations de banque*, p. 156.

(2) Les chiffres que nous donnons pour la clarté de l'exposé sont suivant les exercices sujets à variations, mais le principe reste juste quelles que soient ces variations.

(3) On peut également envisager le remboursement d'une partie du capital par les réserves à l'aide de la réalisation des titres de rentes actuellement en dépôt au Comptoir d'Escompte et la constitution de la nouvelle affaire avec un capital inférieur d'autant. Les disponibilités resteraient les mêmes.

	CAPITAL ET RÉSERVES	A DÉDUIRE	DIFFÉRENCE	TOTAL GÉNÉRAL
Pour la Banque de la Réunion......	4.400.000	885.000	3.515.000	
— Martinique..	4.750.000	1.285.000	3.465.000	11.605.000
— Guadeloupe.	3.830.000	190.000	3.640.000	
— Guyane	1.190.000	205.000	985.000	

Comme la valeur ainsi établie ne serait que de 11.605.000 francs, la différence existant entre cette somme et celle de 12 millions, produit des 48.000 actions nouvelles libérées de moitié, constituerait la prime à payer pour les actions nouvelles attribuées, prime à verser au compte capital pour le porter à 12.000.000, son chiffre statutaire.

Il serait attribué à chaque société ancienne un nombre d'actions nouvelles proportionnel à leur capital estimé comme dessus.

Chaque banque répartirait ensuite ses actions entre ses actionnaires contre remise des anciens titres, au prorata du nombre d'actions anciennes possédé par chacun. Les actions ne se morcelant pas, celles qui resteraient ainsi disponibles seraient vendues, avec privilège de rachat en priorité pour les plus forts actionnaires, pour le produit en être réparti proportionnellement entre les bénéficiaires des fractions.

Les banques anciennes passeraient purement et simplement leurs affaires à la nouvelle institution, sous réserve que les rentrées opérées sur les sommes réservées seraient versées au crédit d'un compte spécial de liquidation, pour le montant en être remis périodiquement aux anciens actionnaires de l'ancienne société, à leurs ayants droit, ou tout simplement être versé au crédit des réserves de la nouvelle banque, puisqu'elle ne serait en quelque sorte que la suite des sociétés précédentes.

Les nouveaux titres, tout en ayant la même valeur intrinsèque originale que les anciens, prendraient une valeur de négociation plus considérable, à raison des conditions nouvelles.

Le taux moyen de rapport des capitaux (capital et réserves) engagés par les banques coloniales, donne aux bénéfices nets, déduction faite des pertes normales, une moyenne de 13 à 14 0/0, ce qui peut se vérifier par les chiffres du rapport qui a servi à cette étude. En supposant que le rendement moyen ne dépassât pas 13 0/0 pour les premières années, le mode de transition proposé stabiliserait simplement les revenus des actionnaires actuels.

Toujours d'après le même rapport, nous aurions en effet :

	BÉNÉFICES ACTUELS	NOMBRE D'ACTIONS ATTRIBUÉES	BÉNÉFICES APRÈS LA NOUVELLE RÉPARTITION EN TABLANT SUR UN RAPPORT DE 13 0/0
Banque de la Réunion....	493.000	$48.000 \left(\dfrac{3.515}{11.605} \right) = 14.538$	472.800
— Martinique.	439.000	$48.000 \left(\dfrac{3.465}{11.605} \right) = 14.332$	465.800
— Guadeloupe	448.000	$48.000 \left(\dfrac{3.640}{11.605} \right) = 15.056$	489.300
— Guyane.....	151.000	$48.000 \left(\dfrac{985}{11.605} \right) = 4.074$	132.400

Il ne faut pas perdre de vue que le rendement de ces quatre banques est variable. La banque de la Guyane a vu des dividendes de 37 fr. 90 et de 135 fr. Les autres banques ont dû, à certaines époques, supprimer tout dividende, par suite de pertes considérables qu'il n'y aurait plus lieu de redouter, la nouvelle organisation en supprimant les causes. Toutes verraient venir avec des assurances d'avenir meilleur, l'ère des dividendes réguliers et de la prospérité.

Il se peut cependant que certains actionnaires, niant l'évidence, préfèrent recourir à la réalisation de leurs titres et refusent toute amélioration. L'Etat doit-il reculer devant cette opposition et renoncer à la réforme? Nous le pensons d'autant moins que la réalisation des titres ne serait pas, comme on va le voir, la ruine des porteurs.

Le privilège accordé par l'Etat aux banques n'est pas perpétuel. Il est du devoir de l'Etat de faire passer les intérêts généraux des colonies de la métropole avant les intérêts particuliers des actionnaires, et de déclarer qu'il ne concèdera désormais de privilèges qu'à une institution capable de réaliser les réformes qui s'imposent.

Il est certain que, si l'État faisait une telle déclaration, immédiatement les banques intéressées étudieraient sérieusement la question et, se rendant compte de tout l'intérêt qui s'attache à ce que la réforme vienne d'elles et soit autant que possible proposée par elles, feraient tous leurs efforts pour faire étudier par le gouvernement un projet qui adopté ou remanié, serait le point de départ de la réforme.

Se fondant sur les considérations et les exemples que nous avons développés, l'État pourrait discuter en toute connaissance de cause le projet qui lui serait soumis et n'accorder à nouveau les privilèges qu'avec la certitude de ne les concéder qu'à une institution offrant toutes les capacités et toutes les garanties désirables.

Que deviendra alors l'avoir des actionnaires réfractaires?

On sait que tout titre se capitalise selon son rendement et ses risques. Prenons pour exemple les actions de la banque de la Guyane, ceux dont les possesseurs pourraient, à première vue, paraître les plus fondés à réclamer.

Ces actions, émises à 500 fr., entièrement libérées, se capitalisent dans la colonie aux environs de 1.300 fr. Leur revenu pour l'exercice 1906-1907, a été de 22,80 0/0 par rapport à leur valeur nominale. C'est donc en réalité un placement aux environs de 8 3/4 0/0. Or, en Guyane, on prête couramment sur première hypothèque, par exemple, avec assurance et toutes garanties, au taux de 12 et souvent 15 0/0. En supposant même une perte à la réalisation des titres, on voit qu'il serait aisé de s'assurer un revenu au moins égal et sûr.

Si ce qui précède est clairement exposé aux actionnaires, ils se rendront compte des avantages que leur offre le nouveau projet.

Il est intéressant de noter en passant que, sur les 19.200 actions dont se compose le capital global des banques coloniales, plus de la moitié, exactement 11.344 au 30 juin 1907, étaient domiciliées en France.

En supposant que, craignant l'avenir, certains actionnaires résidant aux colonies préfèrent vendre leurs titres, on peut être sûr qu'ils atten-

ront pour cela la remise des nouveaux titres en raison des avantages
u'ils présenteront sur les anciens.

Régulièrement cotées au parquet par suite du transfert en France de
ur siège social, les actions nouvelles bénéficieraient d'une plus-value
imédiate; c'est ce qui a lieu, du reste, lors de la transformation de
banque de l'Afrique occidentale.

Comme chaque actionnaire aurait reçu une proportion d'actions nou-
lles représentant la même valeur de capital que les anciennes, la
leur intrinsèque des titres qu'il détiendrait resterait la même.

Démontrons par quelques chiffres ce que donnerait une réalisation
te dans ces conditions.

Supposons un actionnaire propriétaire de 200 actions actuelles de la
nque de la Guyane. Il ne veut pas les conserver.

En ce moment, ces 200 titres représentent une valeur intrinsèque de :

$$\frac{5.000 \text{ fr. (capital réel)} \times 200}{1.200} = 164.166 \text{ fr. } 66,$$ et un revenu de :

80 0/0 du capital nominal, soit 22.800 francs; le produit de leur vente
nnerait 1.300 fr. $\times$ 200 $=$ 260.000 francs.

l'après les chiffres que nous avons donnés plus haut, cet actionnaire
evrait, en échange de ses 200 actions anciennes, 679 actions de la nou-
le banque, libérées de moitié, représentant une valeur de capital de

$$\frac{000.000 \text{ (capital nouveau appelé} \times 679,}{48.000} \text{ soit } 169.750 \text{ fr., soit } 5.584 \text{ fr.}$$

plus qu'auparavant. Cette différence provient de ce que, le capital
reconnu aux banques actuelles étant de 11.605.000 francs, et le nou-
u capital statutaire appelé devant être de 12.000.000 francs, les action-
es auraient à verser environ 8 francs de prime par titre nouveau.
es 679 actions représenteraient à 13 0/0 un revenu de 22.067 francs
iron.

r, des valeurs représentant un capital nominal de 500 francs, libé-
de moitié et rapportant 13 0/0 du capital appelé, soit 32 fr. 50 par
, seraient vraisemblablement cotées en bourse aux environs de
0 francs. Déduction faite de la part non appelée, une action pro-
ait 1.100 — 250 francs, soit environ 850 francs et 679 actions don-
ient 577.000 francs environ.

est plutôt cette plus-value qui pourrait, dans l'avenir, inciter à des
sations. Des industriels, commerçants, agriculteurs ou autres déten-
s coloniaux réaliseraient — alléchés par le bénéfice immédiat —
raient remploi de leurs capitaux dans les colonies où ils leur
ent à nouveau produire de 10 à 15 0/0 et souvent plus.
ssi n'y aurait-il à craindre des réalisations anticipées que si, mal
més, les actionnaires actuels n'étaient pas mis en mesure de peser
s les conséquences heureuses de la réorganisation.

résumé, cette nouvelle organisation, obtenue par des moyens tout
équitables, puisqu'ils respectent entièrement les situations exis-
s, aurait en outre le grand avantage de ne pas arrêter un instant
irs des affaires. La mutation aurait lieu à une époque tout indi-
: l'expiration du privilège des établissements actuels.

Les preuves de vitalité et d'énergie que les anciennes colonies n'ont cessé de donner, en dépit des difficultés les plus diverses et des revers qu'elles ont éprouvés, font un devoir à la métropole de ne pas retarder une transformation dont dépend leur relèvement et leur avenir.

A. Duchêne,

Sous-Directeur de la Succursale de la
Banque de l'Inde-Chine à Saigon. (En congé.)

RECUEIL

DE

LÉGISLATION, DE DOCTRINE ET DE JURISPRUDENCE

COLONIALES

DIRIGÉ PAR

P. DARESTE
DOCTEUR EN DROIT
ANCIEN AVOCAT
AU CONSEIL D'ÉTAT ET A LA COUR DE CASSATION

G. APPERT
DOCTEUR EN DROIT
CHARGÉ DE CONFÉRENCES
A LA FACULTÉ DE DROIT DE PARIS

L. ROTUREAU-LAUNAY
AVOCAT A LA COUR D'APPEL
DE PARIS

A. MARCILLE
DOCTEUR EN DROIT,
AVOCAT AU CONSEIL D'ÉTAT
ET A LA COUR DE CASSATION.

PRINCIPAUX COLLABORATEURS :

MM. ARNAUD, Avocat à Dakar; A. BOUDILLON, Sous-inspecteur de l'Enregistrement; CARPENTIER, Chargé de cours à la Faculté de Droit, Avocat à la Cour de Paris; CARPOT, Député du Sénégal; CHAILLEY, Député, Directeur de l'Union coloniale française; CHAREYRE, Conseiller d'Etat; CLAVIUS MARIUS, Conseiller à la Cour d'appel de l'Afrique occidentale; DAGUIN, Secrétaire général de la Société de Législation comparée.; J. DELPECH, professeur à la Faculté de droit de Dijon; DEPINCÉ, ancien résident de 1re classe au Tonkin; DISLÈRE, Président de section honoraire au Conseil d'Etat; Marcel DUBOIS, Professeur à la Faculté des lettres de l'Université de Paris; DUCHESNE, Procureur général à la Réunion; FALCIMAIGNE, Conseiller à la Cour de cassation; GAMON, Président de la Cour d'appel de Madagascar; DE GENTILE, Avocat à Tunis; GIRAULT, Professeur à la Faculté de Droit de Poitiers; HERBAULT, Avocat-défenseur à Saint-Louis (Sénégal); JURQUET, Avocat à la Cour de Paris; L. J. DE LAVIGNE SAINTE-SUZANNE, Docteur en droit, Rédacteur au Ministère des Colonies; LENCOU-BARÊME, Vice-président de la Cour d'appel de l'Indo-Chine; LESEUR, Professeur à la Faculté de Droit de Paris; LYON-CAEN, Membre de l'Institut, Professeur à la Faculté de Droit de Paris; MENÉAULT, Procureur de la République à Saint-Louis (Sénégal); Emile MAUREL, ancien président du tribunal de commerce de Bordeaux; METTETAL, ancien Avocat-défenseur à Hanoï (Tonkin); MILHE-POUTINGON, Secrétaire général de l'Union coloniale; SAMBUC, Avocat-défenseur à Saigon; THIOLLIER, Avocat-défenseur à Saigon; TOUCON, Avocat-défenseur à Diégo-Suarez; TOUSSAINT DE QUIÈVRECOURT, Vice-président de la Cour d'appel de l'Indo-Chine; WIDAL, avocat à Dakar.

Publié sous le patronage de l'Union Coloniale française
Médaille d'or à l'Exposition Coloniale de Marseille de 1906.

Paraissant tous les mois.

Abonnement Annuel : France et Colonies, 20 fr.; Étranger, 24 fr.

Toute demande de numéro doit être accompagnée de son montant en un mandat ou timbres-poste. — Le prix du numéro séparé est fixé à 2 fr.

Collection complète :

Années 1898-1911, 14 vol. gr. in 8 .... **140 fr.**
Tables générales 1898-1910. — 1 très fort vol. ... **25 fr.**